Inhalt

**Branchenreport MARKETING & WERBUNG
Ausgabe 2/2012**

Kernthesen

Beitrag

Zahlen und Fakten

Weiterführende Literatur

Impressum

GENIOS BranchenWissen Nr. 11 vom 23.11.2012

Branchenreport MARKETING & WERBUNG Ausgabe 2/2012

Anja Schneider

Kernthesen

- Das Wachstum im deutschen Bruttowerbemarkt hat sich im Laufe des Jahres deutlich abgeschwächt.
- Bei den Werbekanälen verzeichnete das Internet global wie auch in Deutschland das stärkste Wachstum, Radiowerbung und TV legten noch leicht zu, alle anderen Kanäle mussten Einbußen hinnehmen.
- In Summe zieht das Fernsehen die meisten Werbeausgaben an.
- Insgesamt bleibt Procter&Gamble

Spitzenreiter bei den werbungtreibenden Unternehmen und die Autoindustrie ist die werbestärkste Branche, besonders auffallend ist Samsung mit seiner werbeintensiven Galaxy-Promotion.

Beitrag

Werbegeschäft verschlechtert sich im Jahresverlauf

Von Januar bis September 2012 wurden laut Marktforschungsinstitut Nielsen insgesamt 18,2 Milliarden Euro brutto an Werbung erlöst. Dies entspricht einem mageren Plus von einem Prozent gegenüber dem Vorjahreszeitraum. Netto, also nach Abzug von Rabatten und Sondervereinbarungen, ist das wohl sogar ein klares Minus. Das Jahr 2012 hatte ganz gut begonnen, doch dann setzte ein Abwärtstrend ein. Im dritten Quartal waren die Werbeumsätze noch magerer als in den ersten sechs Monaten. Im August gingen sie trotz der Olympischen Spiele, die in der Regel die Werbekonjunktur puschen, zurück. (1), (2)

Die Erwartungen für die wenigen verbleibenden

Wochen bis zum Jahresende sind durchwachsen. Das Jahresendgeschäft, traditionell ein Umsatzgarant, war für Vermarkter, Medienhäuser und Media-Agenturen auch Ende Oktober noch nicht recht kalkulierbar. Die Kunden sind zögerlich, entscheiden immer später über Budgets und buchen Werbung immer kurzfristiger. Die Fragezeichen über der europäischen Konjunktur verunsichern die Werbetreibenden. (3)

Der jährliche Herbst-Monitor des Gesamtverbands Kommunikationsagenturen (GWA) zeichnete dagegen ein positives Stimmungsbild der Branche - und sorgte damit für Erheiterung. Die 64 befragten GWA Agenturen präsentierten sich für 2013 optimistisch: 56 Prozent der Teilnehmer prognostizieren eine Umsatzsteigerung und gaben diese durchschnittlich mit 4,5 Prozent an. Im laufenden Jahr werden sie im Durchschnitt eine Umsatzsteigerung von 5,4 Prozent hinlegen, so die Ergebnisse der Umfrage. Damit zeigten sich die Agenturen in ihrer Konjunkturwahrnehmung wieder einmal deutlich optimistischer als andere Auguren. Der Zentralverband der deutschen Werbewirtschaft (ZAW) rechnet mit höchstens einem Prozent Wachstum. Die Vorhersage der Mediaagenturgruppe Zenith Optimedia prognostiziert für den deutschen Markt ein Plus von zwei Prozent. Der GWA-Verband reagierte prompt auf Zweifel und Kritik an seinen wohl allzu optimistischen Prognosen und will die

Untersuchung gegebenenfalls überarbeiten. (4), (5), (6), (7)

Werbemedien: Online wächst

Grund zum Jubeln hat der deutsche Online-Werbemarkt, der nach einer Prognose des Online-Vermarkterkreis (OVK) 2012 brutto 6,4 Milliarden Euro umsetzen wird. Damit klettert der Onlineanteil am Gesamtmarkt auf 21,8 Prozent und an die zweite Position bei den Werbeausgaben. Dabei boomt der Mobile-Werbemarkt ganz besonders, er erreicht ein Wachstum von an die 70 Prozent. (8)

Bei den anderen Werbekanälen kann Radio wohl um 5,2 Prozent zulegen. Der Anteil der Fernsehwerbung liegt aber immer noch an erster Stelle mit 38 Prozent bei einem Plus von 2,6 Prozent. Die privaten Fernsehsender gewähren attraktive Rabatte, wenn die Werbekunden ihren TV-Anteil konstant halten oder erhöhen. Dies geht zu Lasten der Print-Medien, die auf Rang drei liegen. In der Tat hatten Zeitungen und Zeitschriften ein schlechtes Werbejahr, sie haben wieder Werbemarktanteile verloren. Im ersten Halbjahr sanken die Brutto-Werbeerlöse von Zeitschriften um 3,5 Prozent, die von Zeitungen um 4,9 Prozent. Die regionalen Zeitungshäuser lassen sich jetzt etwas einfallen, um sich im Werbegeschäft wieder ein größeres Stück vom Kuchen zu erobern. Sieben Regionalzeitungsverlage wollen Anfang 2013 einen neuen nationalen Vermarkter starten, um ihr Defizit im Werbegeschäft mit Markenartikelunternehmen vom Fernsehen zurückzuerobern. Zusammengefasst fließen die Werbeausgaben der Unternehmen in Deutschland am stärksten ins Fernsehen, an zweiter Position liegt das Internet, dahinter die Zeitungen gefolgt von den Zeitschriften, dann wird in Radiowerbung investiert und in Außenwerbung. (8),(9), (10), (11), (2)

International: Konjunkturflaute spürbar

Auch global betrachtet wendete sich das Blatt im Laufe des Jahres 2012 und vor allem in Europa setzte ein Abwärtstrend ein. So senkte Zenith Optimedia die Prognose für das Wachstum der weltweiten Werbeausgaben für 2012 von 4,3 Prozent auf 3,8 Prozent; für 2013 und 2014 nahm die Agentur die Prognose ebenfalls zurück auf 4,6 Prozent plus statt 5,3 Prozent. Als Gründe für die zunehmende Investitionszurückhaltung der Werbekunden werden unter anderem gesehen die Krise in der Euro-Zone, die politischen Unsicherheiten im Nahen und Mittleren Osten, Sorgen über eine Abschwächung der Konjunktur in China und anderen

Wachstumsmärkten wie Brasilien, Indien und Russland und die wirtschaftliche Entwicklung in den USA. Kräftigst gespart wird bei den Werbeetats in Griechenland (minus 33 Prozent), Spanien und Portugal (minus 12 bis 13 Prozent). Die Werbekunden im Nahen Osten und Nordafrika halten sich noch zurück und daneben wächst auch Lateinamerika inzwischen etwas langsamer (plus 7,7 Prozent). Als Wachstumsbeschleuniger gelten Mittel- und Osteuropa (plus 7,4 Prozent) und die Schwellenländer wie Brasilien, Indien, China. Zenith Optimedia schätzt, dass diese Länder zwischen 2011 und 2014 für 59 Prozent des gesamten globalen Werbewachstums verantwortlich sein werden. (12), (13)

Die meiste Werbung läuft weltweit nach wie vor - und wohl bis auf weiteres - über das Medium Fernsehen. Rund 200 Milliarden Dollar geben die Unternehmen demnach in diesem Jahr für Fernsehwerbung aus. Das sind laut Zenith Optimedia rund 40 Prozent der internationalen Werbeausgaben. Den zweiten Rang verteidigen weltweit noch die Zeitungen (Marktanteil 18,9 Prozent), bedrängt vom Internet auf dem dritten Platz (17,8 Prozent). (2)

Die mittelfristigen Aussichten für die globale Werbebranche sind gut. PricewaterhouseCoopers geht in ihrem "Global Entertainment and Media Outlook 2012 - 2016" davon aus, dass die Werbung in den nächsten fünf Jahren weltweit wachsen wird. 486 Milliarden Dollar wurden laut PwC im Jahr 2011 in Werbung investiert, 2016 werden es 661 Milliarden Dollar sein, das wäre eine Steigerung von 6,4 Prozent pro Jahr. (14)

Die Top 5 der weltweit größten Werbeholdings nach Umsatz 2011 sind WPP (Dublin), Omnicom (New York), Publicis (Paris), Interpublic (New York) und Dentsu (Tokio). WPP, Omnicom, Publicis und Interpublic meldeten im dritten Quartal rückläufige Werbeumsätze in Westeuropa, mit Ausnahme von Großbritannien. WPP reduzierte seine Prognosen im Laufe des Jahres mehrmals und geht jetzt davon aus, dass die Gruppe das Jahr 2012 mit einem Umsatzplus zwischen 2,5 und 3 Prozent abschließen wird. (12)

Die fünf größten Agenturen sind Dentsu (Dentsu), McCann-Erickson Worldwide (Interpublic), BBDO Worldwide (Omnicom), DDB Worldwide (Omnicom) und JWT (WWP).
Die Top 5 bei den Mediaagenturen sind Starcom Mediavest (Vivaki/Publicis), OMD Worldwide (Omnicom), Mindshare Worldwide (WWP), Zenith Optimedia (Publicis) und Mediacom (WWP).
Die fünf größten Digitalagenturen sind Wunderman (WPP), Digital(at)Ogilvy (WWP), Sapient Nitro (Sapient), Draft FCB (Interpublic) und Digitas (Publicis). (15)

Mediaagenturen: Mediacom in Deutschland Spitzenreiter

In der Rangliste der deutschen Mediaagenturen liegt Mediacom an der Spitze, gefolgt von OMD. Den dritten Platz teilen sich Carat und Zenith Optimedia. Dies zeigt das Recma-Ranking der deutschen Mediaagenturen. Das Recma-Ranking der deutschen Mediaagenturen bildet die Umsatzentwicklung der 13 hiesigen Networks sowie der vier größten unabhängigen Mediaagenturen ab. Zusammen hatten sie im Jahr 2011 ein Billingvolumen in Höhe von 16,87 Milliarden Euro (plus 9 Prozent gegenüber 15,47 Milliarden Euro in 2010). [Abb. 1]

Betrachtet man nicht die Einzelagenturen sondern ihre Gruppen, so liegt laut Recma-Ranking die Group M mit Mediacom, MEC, Mindshare und Maxus auf dem ersten Platz und hat somit die größte Einkaufsmacht inne. Die Gruppe erreichte 2011 mit einem konsolidierten Billingvolumen in Höhe von 6,6 Milliarden Euro einen Marktanteil von 39,1 Prozent. Zweitgrößte Gruppe ist Aegis Media mit Carat und Vizeum; sie erzielte ein Billingvolumen von 2,5 Milliarden Euro und einen Marktanteil von 14,7 Prozent. Aegis gehört seit November zur japanischen Dentsu-Gruppe. Omnicom Media Group mit OMD und PHD erzielte ein Billingvolumen von 2,4

Milliarden Euro und einen Marktanteil von 14 Prozent. Auf dem vierten Platz liegt Vivaki mit Zenith Optimedia und Starcom Mediavest; sie erreicht Billings in Höhe von zwei Milliarden Euro und einen Marktanteil von 12 Prozent. Den fünften Rang belegt IPG mit IM und UM, die Billings belaufen sich auf rund eine Milliarde Euro, der Marktanteil liegt bei 6,1 Prozent. [Abb. 3]

Weltweit betrachtet erreichten die Medianetworks im Jahr 2011 ein Billingvolumen von über 280 Milliarden Dollar; das war ein Plus von 8,9 Prozent gegenüber dem Vorjahr 2010. (16), (17), (18)

Werbungtreibende: Handel knausert, Samsung gibt Gas, Ebay verdoppelt

Nach Branchen analysiert investierte die Autoindustrie trotz Absatzflaute - oder deswegen - am meisten in Werbung und landet auf Platz eins. Bis September haben sie rund 1,2 Milliarden Euro für Werbung ausgegeben; das ist ein Plus von 10,6 Prozent gegenüber 2011. Die Handelsunternehmen haben dagegen mit 1,15 Milliarden Euro satte 16,4 Prozent weniger für Werbung ausgegeben. - Aldi und Edeka haben ein Viertel bzw. ein Drittel reduziert. Lidl hält sein Budget immerhin stabil. Nur Penny agiert spendabel und setzte fast ein Drittel rauf. -

Top werbungtreibendes Unternehmen bleibt Konsumgüteranbieter Procter & Gamble, mit 375 Millionen erneut Spitzenreiter. Es folgen Süßwarenhersteller Ferrero, Kosmetikkonzern LOréal und der Axel Springer Verlag. Sie haben ihre Werbeausgaben in den ersten neun Monaten des laufenden Jahres um vier bis fünf Prozent erhöht. Media-Saturn, Nummer fünf der Rangliste, hat zwar im Sommer zugelegt, doch unterm Strich steht ein Werbeminus von rund 15 Prozent.

Besonders auffallend im Werbemarkt ist Samsung. Der südkoreanische Elektronikkonzern drückt derzeit seine Galaxy-Handy-Serie gegen Schwergewicht Apple in den Markt und hat die Werbeausgaben um rund 80 Prozent hochgefahren. Der Aufwand lohnt sich, 30 Millionen Galaxy S3-Exemplare haben die Koreaner bereits verkauft. Ansonsten investierten die Werkstattkette A.T.U. und Versicherungskonzern Allianz besondert kräftig in Werbung, ProSiebenSat 1 fiel durch massive TV-Werbung auf. Ebay verdoppelte 2012 seinen Werbeetat insgesamt und investierte bis September allein 21 Millionen Euro in Online-Werbung. Procter & Gamble und die Deutsche Telekom investierten ebenfalls kräftig in Online-Werbung, Zalando hingegen drückte auf die Bremse und senkte seine Werbeausgaben um 22 Prozent. (1), (10) [Abb. 2]

Trends

Digital gewinnt: es gilt Big-Data-Probleme zu lösen

Die Verlagerung von Werbeetats weg von Print hin zu digitalen Werbekanälen setzt sich fort. Fernsehen liegt zwar derzeit noch vor Online, der Abstand wird sich aber auch hier noch verringern. Der Verdrängungswettbewerb läuft. Gewinnen wird, wer es am besten schafft, seine Digitalstrategie zu Geld zu machen. (2), (3)

Die Mediaagenturen arbeiten auf Hochtouren daran, ihre digitalen Geschäftsbereiche zu gestalten. Fachliche Experten werden eingestellt, Organisationseinheiten neu ausgerichtet, eigene Marken für digitale Werbung geschaffen. Ein wichtiges Thema beim Aufbau digitaler Plattformen ist Big Data. Wie können die im Zuge des Onlinemarketings anfallenden riesigen Datenmengen bewältigt werden? Wie werden in Insellösungen verteilt erfasste Daten synchronisiert? Wie können zentrale Datenpools aufgebaut werden? Mit welcher Technik? Wo liegen die Daten? Wem gehören sie? (18), (19), (20), (21)

Zahlen & Fakten

Abbildung 1: Top 17 Media-Agenturen nach Billings 2010-2011

Rang	Agentur	Holding	Billings in Mio. Euro 2011	2010	Veränd. in %
1	MediaCom Agentur für Media-Beratung	GroupM	3.386	3.225	5
2	OMD	OMG	2.156	2.015	7
3	CARAT Wiesbaden GmbH & Co.KG	Aegis Media	1.764	1.696	4
3	ZenithOptimedia *	Vivaki	1.764	1.534	15
5	MEC	GroupM	1.692	1.538	10
6	Mindshare	GroupM	1.367	1.367	0
7	Mediaplus	Unabhängig	1.037	969	7
8	Vizeum	Aegis Media	701	668	5
9	UM	Interpublic	592	515	15
10	MPG Media Planning	Havas	500	400	25

		Group GmbH	Media			
11		pilot media GmbH & Co. KG	Unabhängig	467	380	23
12		Initiative	Interpublic	438	402	9
13		Crossmedia	Unabhängig	262	240	9
14		Starcom-Mediavest	Vivaki	248	165	50
15		PHD	OMG	203	150	35
16		Maxus	GroupM	160	110	45
17		Moccamedia	Unabhängig	138	97	42
	Gesamt			16.874	15.471	9

** In Deutschland firmieren die Agenturen Zenithmedia und Optimedia getrennt, 2011 entfallen auf Zenith Billings in Höhe von rund 970 Millionen Euro, auf Optimedia rund 794 Millionen Euro. Quelle: Recma-Reports Entnommen aus: Werben und Verkaufen, 30/2012, S. 32 (22), (16)

Abbildung 2: Die 10 größten Werbungtreibenden bis September 2012

Rang	Unternehmen	Ausgaben in Mio. Euro Jan-Sept 2012	Veränd. in %
1	Procter & Gamble, Schwalbach	375,3	4,3
2	Ferrero Deutschland, Frankfurt	268,4	4,4
3	LOréal, Düsseldorf	250,7	5,4

4	Axel Springer, Hamburg	239,1	4,2
5	Media-Saturn-Holding, Ingolstadt	233,3	-15,4
6	Unilever Deutschland, Hamburg	215,9	-9,4
7	Volkswagen, Wolfsburg	175,6	3,8
8	McDonalds Deutschland, München	157,7	30,8
9	Lidl, Neckarsulm	155,9	0,5
10	Aldi, Mülheim	151,4	-24,9

Quelle: Nielsen

Entnommen aus: Horizont 42, 18.10.2012, Seite 20 (1)

Abbildung 3: Marktanteile Agenturen

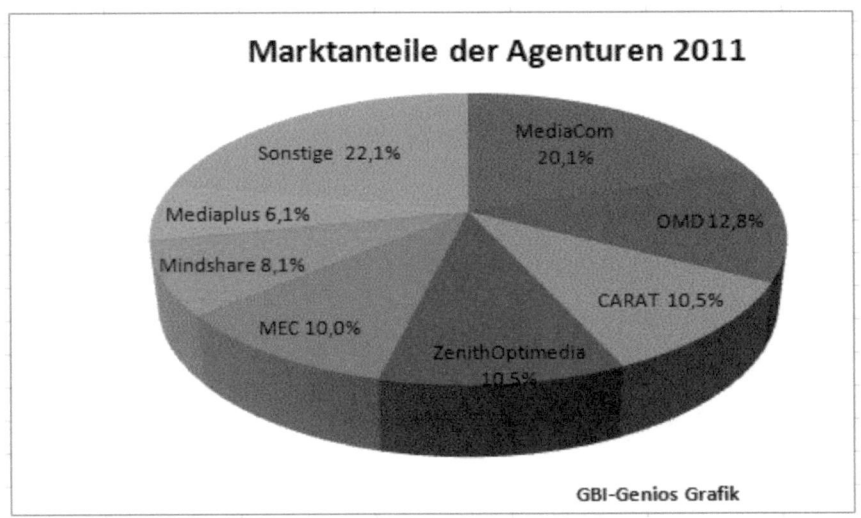

Quelle: Recma-Reports

Entnommen aus: Werben und Verkaufen, 30/2012, S. 32 (22)

Weiterführende Literatur

(1) Der Werbemarkt dümpelt
aus Horizont 42 vom 18.10.2012 Seite 020

(2) Die nächste Runde im Verdrängungswettbewerb
aus Frankfurter Allgemeine Zeitung, 09.10.2012, Nr. 235, S. 12

(3) Jahresendrallye mit Bremsspuren
aus werben & verkaufen Nr. 44 vom 01.11.2012, S. 44 - 46

(4) GWA HERBSTMONITOR: Auch 2013 sollen die Umsätze steigen
aus kress.de vom 18.10.2012

(5) GWA Herbstmonitor: Agenturen bleiben weiter optimistisch
aus horizont.net vom 17.10.2012

(6) Wieder besser als alle anderen
aus Horizont 42 vom 18.10.2012 Seite 006

(7) GWA will Monitore überarbeiten und Qualitätssiegel etablieren
aus horizont.net vom 22.10.2012

(8) Online-Werbemarkt wächst weiter zweistellig
aus werben & verkaufen Nr. 37 vom 13.09.2012, S. 45

(9) Rekord: Deutscher Online-Werbemarkt wächst wie nie
aus W&V Online-Magazin vom 12.10.2012

(10) Werbung 2012: Spendings bislang nur minimal im Plus
aus horizont.net vom 12.10.2012

(11) Mit neuem Kompass
aus Horizont 41 vom 11.10.2012 Seite 033

(12) Werbeholdings unter Druck
aus Horizont 44 vom 01.11.2012 Seite 006

(13) Euro-Krise bremst Werbemarkt Publicis-Tochter Zenith Optimedia reduziert Prognose
aus Financial Times Deutschland vom 02.10.2012, Seite 6

(14) PwC-Prognose: Internet dominiert globales Werbewachstum
aus horizont.net vom 21.06.2012

(15) Internationale: Top 10 Werbeunternehmen weltweit 2010-2011
aus Horizont, 21/2012, S. 6

(16) Group M baut Marktführung aus
aus Horizont 30 vom 26.07.2012 Seite 011

(17) Die Maschen der Netzwerke
aus Horizont 37 vom 13.09.2012 Seite 042 bis 043

(18) Warten auf die Japaner
aus Horizont 38 vom 20.09.2012 Seite 016

(19) "Big Data führt nicht zu weniger Spendings in TV"
aus werben & verkaufen Nr. 39 vom 27.09.2012, S. 30 - 32

(20) Neuaufstellung für das Digitale
aus Horizont 36 vom 06.09.2012 Seite 024

(21) Quellen des Kundenwissens
aus acquisa spezial direktmarketing, Vol. 56, Heft 04/2012, S. 34-35

(22) D: Top 17 Media-Agenturen, Top 6 Media-Agentur-Gruppen 2010-2011
aus Werben und Verkaufen, 30/2012, S. 32

Impressum

Branchenreport MARKETING & WERBUNG Ausgabe 2/2012

Bibliografische Information der deutschen Nationalbibliothek

Die Deutsche Nationalbibliothek verzeichnet diese Publikation in der deutschen Nationalbibliografie; detaillierte bibliografische Daten sind im Internet über http://dnb.d-nb.de abrufbar.

ISBN: 978-3-7379-1894-7

© 2015 GBI-Genios Deutsche Wirtschaftsdatenbank GmbH, Freischützstraße 96, 81927 München, www.genios.de

Alle Rechte vorbehalten. Dieses Werk ist einschließlich aller seiner Teile – z.B. Texte, Tabellen und Grafiken - urheberrechtlich geschützt. Jede Verwertung außerhalb der Grenzen des Urheberrechtsgesetzes bedarf der vorherigen Zustimmung des Verlags. Dies gilt insbesondere auch für auszugsweise Nachdrucke, fotomechanische Vervielfältigungen (Fotokopie/Mikroskopie), Übersetzungen, Auswertungen durch Datenbanken oder ähnliche Einrichtungen und die Einspeicherung und Verarbeitung in elektronischen Systemen.